Klaus Grospietsch • Königspudel mögen keinen Jazz

Klaus Grospietsch

Königspudel mögen keinen Jazz

Lyrik & Lyrics

mit Zeichnungen von Tatjana Grospietsch
und einer Nachhudelei von Thommie Black

CHORA

FSC
www.fsc.org
MIX
Papier aus verantwortungsvollen Quellen
Paper from responsible sources
FSC® C105338

Erstveröffentlichung 2017
Neuausgabe 2020

Umschlaggrafik: Tatjana Grospietsch
Buchgestaltung und Satz: CHORA Verlag
Lektorat: Thomas Frahm

www.choraverlag.de

ISBN 978-3-929634-78-5

Printed in Germany

Er ist sicherlich ein Prototyp der Kreativenszene in Ruhrort. Klaus Grospietsch war hier schon aktiv, als es noch kein einziges Kreativquartier an Rhein und Ruhr gab. Und er steht für das, was den Hafenstadtteil Duisburgs in dieser Phase des Strukturwandels auszeichnet: Er erfindet sich immer wieder neu, bleibt nicht bei Gewohntem, Eingespieltem stehen. So werden, über inzwischen zehn Kreativquartier-Jahre in und für Ruhrort, die vielen Seiten, aber auch die (Um-)Brüche im Leben des Klaus Grospietsch sichtbar. Mit Fug und Recht kann man ihn – in Anspielung an eine Fußballer-Legende vom Niederrhein – den *Terrier Ruhrorts* nennen. Längst ist er zur Inspiration für Künstler, Musiker und andere Kulturschaffende geworden.

In zwei Anläufen boten Klaus und seine Frau Tatjana als Betreiber der ruhrART-Galerie am Leinpfad Kunst und Künstlern einen maritim angehauchten Präsentationsort. Neben Gemälden, Plastiken und Fotos, die dort ausgestellt und zum Verkauf angeboten wurden, entwickelte er die verschiedensten Veranstaltungsformate mit großer Anziehungskraft. Lesungen und Konzerte waren ebenso darunter wie Vorträge mit dem Schwerpunkt auf alten Handwerkstechniken, die Einsichten in andere Lebenswelten boten.

Die benachbart am Hafenmund gelegene Kult(ur)kneipe *Zum Hübi* wurde der zweite Ort, an dem Klaus künstlerisch aktiv wurde. Nach regelmäßigen Auftritten mit seiner Band *pietsch* reifte bald die Idee, eine Jam-Session mit Blick aufs Hafentreiben zu etablieren. Das war der Startschuss für die *HFN-Jam*, die Musikern aus der Region seit Anfang 2012 allmonatlich spontane Auftrittsmöglichkeiten in frei sich ergebender Besetzung bietet.

Die Schreibweise »HFN-Jam«, ohne Vokale, wurde dem Vorbild des amerikanischen Radiosenders AFN entlehnt, der für die Initiatoren der Jam-Session stilbildend war. Das Logo der HFN-Jam ahmt eine Radioskala nach. Zu hören sind zumeist Rock, Blues und Jazz in allen Rein- und Mischformen; fast alle Darbietungen sind, wie es der Name der Reihe verspricht, Improvisationen.

Im zweiten Anlauf wurde die ruhrART-Galerie dann auch zur Bühne der artoFON-factory, einem Crossover-Projekt aus Musik, Gesang, Texten, Live-Malerei, Tanz oder Schauspielerei.

Akzente setzt Klaus auch beim gleichnamigen Duisburger Kulturfestival. 2010, im Kulturhauptstadtjahr des Ruhrgebiets, hatte er die Idee, seine Galerie auf den Leinpfad zu erweitern. So entstand die Outdoor-Ausstellung *Die Nacht ist bunt am Hafenmund* der Fotografen-Kooperative *Aufnachtschicht*, die, inzwischen zweimal aktualisiert, bis heute Blickfang an der Kaimauer ist.

Für die Hafenjubiläums-AKZENTE 2016 bot die ruhrART-Galerie der Ruhrorter Strickguerilla Heimat. Ein überstricktes Motorrad und eine überstrickte Bank sowie Objekte, die an überraschenden Stellen im Stadtbild auftauchen und so manchem Passanten ein Lächeln aufs Gesicht zaubern, wurden als Werkschau präsentiert. Dabei wurde sorgfältig darauf geachtet, dass die für diese *Urban Knitting*-Initiativen übliche Anonymität der Akteure gewahrt blieb.

Bei solchem Ideenreichtum ist es nicht überraschend, dass Klaus Grospietsch auch als Texter seine Duftmarken aussendet. Seine lyrischen, sich stets aber auch durch zupackenden Ruhrpott-Humor auszeichnenden Song- und Sprachspieltexte werden hier erstmalig im Zusammenhang nachlesbar.

KreativQuartier Ruhrort, im Januar 2017 *Heiner Heseding*

Pilot

• Pilot •

Sei mein Pilot,
flieg mich hier raus,
schau nicht nach rechts oder links,
flieg einfach weiter.
Bis in die Nacht,
bis ins Morgenrot hinein,
über Wüste und Meer,
ich will immer mehr,
immer weiter.

Sei mein Pilot,
mein Retter in der Not,
wir fliegen Löcher in die Luft
und werden irgendwo landen.
Wo, ist doch egal,
bei dir oder mir,
wir versuchen's einfach mal
und werden irgendwo stranden.

Wir fliegen in den Himmel,
über's raue Meer
und landen weit weg
in der Ferne.
Wir fliegen uns'ren Fantasien hinterher.
Und wenn's knallt,
regnet's überall Sterne.

(Songtext 1988)

• Flöten gegangen •

Wir haben uns gekrault.
Bis wir ganz verschwommen war'n.

Wir krochen auf dem Zahnfleisch.
Und bogen kurz vor Essen ab.

Dann sind wir flöten gegangen.
Flöten gegangen.

• Und und und •

Und weil Bunte gospeln.
Und weil auf Pizza immer Käse ist.
Und weil Weiße blaue Flecke kriegen.
Und weil Frauen große Männer lieben.
(»Dirk Nowitzki kriegt 'ne Extrascheibe Wurst, Helmi!«)
Und weil Alte immer älter werden,
Dicke meistens dicker,
Schicke gerne schicker.
Und weil Frauen färben
und Männer tönen.
Und weil es abends immer dunkel wird.
Und Heißes immer kälter.
Und weil unsere Kreise nie rund sind.
Und meine Katze kein Hund ist.
Und weil Tabus keine Grenzen kennen.
Und es kein Vorurteil auf Bewährung gibt.
Und weil Männer doch lieber im Stehen pinkeln,
viel seltener im Sitzen,
machen sie größere Pfützen.

• Traumfigur •

Die Traumfigur aus der letzten Nacht
hat sich aus dem Staub gemacht.
Da platzt der bunte Luftballon,
ein Tiger hechtet vom Balkon,
deine Augen fangen Feuer –
nächstes Abenteuer.

Gorilla fesselt weiße Frau,
kingkongomartialisch.
Himmel ist nicht himmelblau.
Balkon nicht Bundesgartenschau.
Musst noch Blumen gießen!
Satzbehälter schließen!

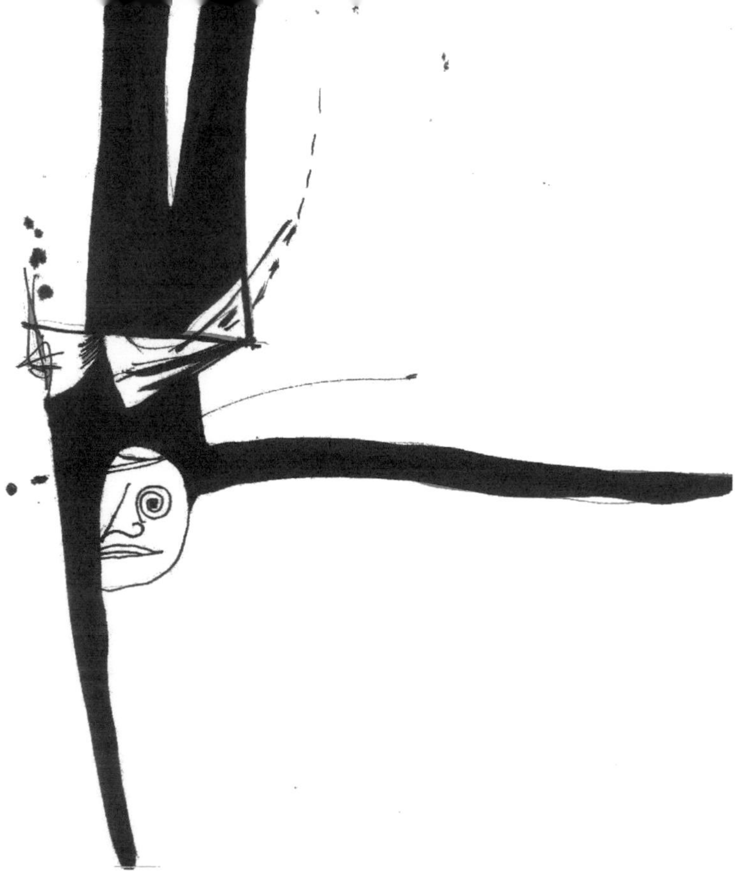

Traumfigur

• Frühstück im Zwiebelturm •

Du warst so süß,
sprach der Tee zum Zucker.
Es war nur ein Ausrutscher,
flüsterte die Banane.
Und es knisterte unter dem Tisch.
Schwarze Nylons
schlugen blaue Funken.

Du hebst dein Glas.
Und dann den Rock.
Champagner spritzt in dein Gesicht.
Du bist so zart,
wenn du dich häutest.
Wie viel du mir bedeutest
in diesem Augenblick.

• Privaterdbeben •

Privaterdbeben im Supermarkt
und in der S-Bahn.
Der Festiger gibt deinen Haaren Halt.

Privaterdbeben im Supermarkt
und in der S-Bahn.
Bekommst du an der Kasse jetzt Geld zurück
oder hast du gerade gezahlt?

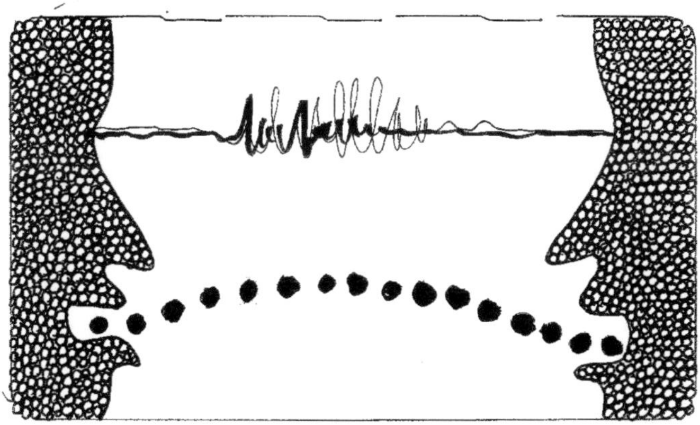

• Privater Psychiater •

Dein privater Psychiater
ist dein Freund und Helfer
und dein Berater
zwischen drei und vier,
dein Seelenklistier.

• Daneben benehmen •

Mit falschem Namen
und falschen Papieren
daneben benehmen, daneben benehmen,
könnten wir uns daneben benehmen.

Oder im Zoo vor allen Tieren
mit falschem Bart
und auf allen Vieren
daneben benehmen.

Dann schenken wir uns
die Zeit, die uns bleibt.

• Zwei Bewegungsapparate •

Zwei Bewegungsapparate im technischen Exil.
Hektischer Hybrid küsst Rosa Transistor.
Stroboskopgewitter in der Nacht –
und die kleinen Satelliten verfliegen sich.

Drei Minipli-Minister an der Bar
vertuschen sich in aller Eile.
Tischfeuerwerk auf Polaroid.
Mittelschwerer Slalom im Schädel.

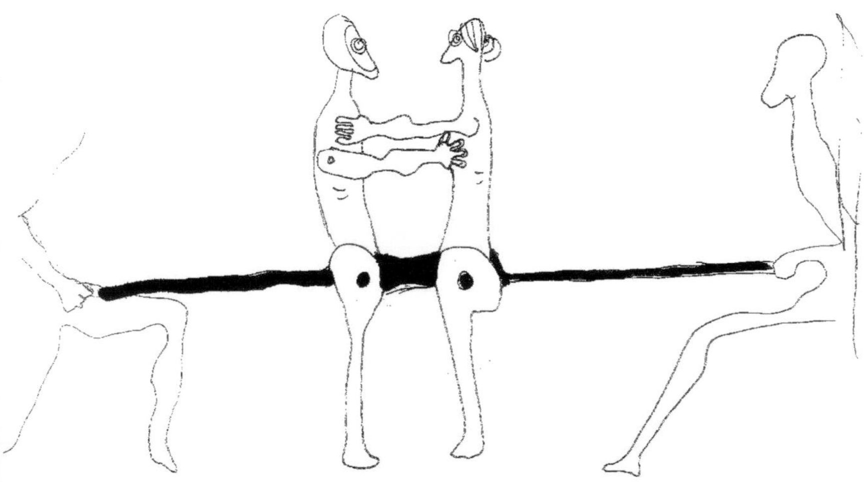

• Ach Soja •

Ach Soja,
spaltest Herzen im $^2/_4$-Takt.

Ach Soja,
zündest Kerzen an
und tanzt so gern im Kreis.

Weiße Glut wird schnell zu Asche,
wildes Wasser starres Eis.

• Taxxxi •

Sie steigt zu ihm ins Taxi.
Er fängt sie mit dem Spiegelein.
Jeder Blick ein Kompliment.

»Du doppelter Espresso,
du ellenlange Frühstücksline,
du unbekannter Kontinent.«

»Lass mich dein Erreger,
dein freier Radikaler sein
im feuchten Feinripp-Unterhemd.«

Sie trägt gern knappe Kleider
bei einer guten Flasche Wein
und trivialem Happy-End.

• Doch, doch •

Doch, doch,
sie wollte das wohl,
aber möchte das nicht.

Einmal Menü Eins,
aber ohne Soße
und statt Nudeln
doch lieber Reis.

Und den Salat
gerne mit Karotten,
aber keine Petersilie!
Und bloß nicht den Mais!

Doch, doch,
sie wollte das wohl,
aber möchte das nicht.

Doch, doch,
sie wollte das wohl,
aber möchte das nicht.

• Zwischen den Brücken •

Zwischen den Brücken steht Land unter Strom.
Wir ankern, bis die Sonne sinkt.
Du kommst vorbei und sagst »Hallo«.

Alle, die da war'n, sind auf und davon,
'ne Leuchtreklame blinkt,
und du versteckst dich irgendwo.

Zwischen den Dächern wächst Gras aus Beton,
'ne Fensterscheibe springt –
und ich verlauf mich, einfach so…

Vielleicht bis bald?
Vielleicht auch nicht?
Wir lächeln nicht nur im Gesicht,
wenn wir uns sehen.

Zwischen den Brücken …
schwimmt der Fisch auf dem Rücken,
wenn wir uns sehn…

(Songtext)

• Lass den Kopf doch einfach hängen •

Selbsternannter weltbekannter Abgesandter,
abgebrannter Vorstadtpanther:
Lass den Kopf doch einfach hängen,
bis er über'n Boden schleift…

Demolierter Ausrangierter,
degradierter Abservierter:
Lass den Kopf doch einfach hängen,
bis er über'n Boden schleift…

Ondulierte parfümierte Aussortierte,
epilierte Unberührte:
Lass den Kopf doch einfach hängen,
bis er über'n Boden schleift…

• Rock'n'Roll im toten Winkel •

Die Zeit der Augen ist die Gegenwart.
Sie wirft uns Blicke hinterher.
Mach auf ausgestorben,
auf unentdeckte Art.
Rock'n'Roll im toten Winkel,
that's what set us apart.

• Heute Nacht fällt der Mond in den Rhein •

Ich bleib bis zum Morgen,
denn heute Nacht fällt der Mond in den Rhein.
Und das soll auch so sein.
Was fehlt, kann ich noch besorgen,
vielleicht französischen Wein?

Wir stehen am Fenster,
du siehst wieder Gespenster
und wir laden sie ein
auf ein Glas Wein.
Und das soll auch so sein.

Ich bleib bis zum Morgen,
denn heute Nacht fällt der Mond in den Rhein.

Kommt ein Vogel geflogen
und ungelogen:
Er sieht aus wie ein Schwein!
Vielleicht liegt's am Wein?
Und das soll auch so sein.

Ich bleib bis zum Morgen,
denn heute Nacht fällt der Mond in den Rhein.

(Songtext)

• Ohne Sehnsucht kein Verlangen •

»Ohne Sehnsucht kein Verlangen.
Wer nicht quietscht, wird nicht geölt.
Ohne Kurven keine Stangen.«
Hatte sie ihm mal erzählt.

»Keine Hoffnung ohne Bangen.
Wer nicht schreit, wird nicht gestillt.
Abendrot macht heiße Wangen«,
sagte sie ihm unterkühlt.

Lass die Kurzen, nimm die Langen.
Wer nicht wächst, wird nicht gepflückt.
Nur eine Frage blieb noch offen:
Wer hat schließlich wen gefickt?

• Frag mich später •

Komm, leg dich auf den Bauch,
ich tu es auch,
und wir leben nacktes Leben.

Wir haben nichts
außer uns,
doch das reicht
vielleicht
bis morgen früh
oder später…
Frag mich nicht wie,
frag mich später…
frag mich später…

Komm mach dir was vor,
ich mach es dir nach,
denn jetzt ist gleich schon eben.
Spiel an mir rum,
sei nicht so blöd,
laber nicht dumm.

Wir haben nichts
außer uns,
doch das reicht
vielleicht
bis morgen früh
oder später…
Frag mich nicht wie,
frag mich später…
frag mich später…

(Songtext)

• Alle machen sich was vor •

All die Großen und die Kleinen,
auf langen oder kurzen Beinen,
glattrasiert oder mit Locken,
ein bisschen feuchter oder trocken.

All die Kleinen und die Feinen,
die Tränen lachen oder weinen,
die Neo-Retros und Barocken,
in Seidenstrümpfen oder Socken:

Alle machen sich was vor –
und dann machen's alle nach.

Alle Feinen und Gemeinen
in Leder, Kaschmir oder Leinen,
in Spitze, Nylons oder nackt,
oder lecker eingepackt:

Alle machen sich was vor –
und dann machen's alle nach.

(Songtext)

• Hey du •

Nicht nur der Himmel war blau, als ich dich sah.
Doch du wohnst in der Nacht, bist ihre Schwester,
genau wie sie, nicht für den Tag gemacht.
Die Sonne geht auf und du kriechst ins Bett,
träumst von Luxus, Liebe und mehr.
Dann kommt der Mond und schwarzviolett
fällt die Nacht über dich her.

Schenk mir heut nacht deine Haut und dein Aroma.
Was kommt, das kommt, was geht, muss gehen.
Da, wo wir jetzt gerade sind, waren wir schon mal.
Was kommt, das kommt, was geht muss gehen.
Die Sonne geht auf und du kriechst ins Bett,
träumst von Luxus, Liebe und mehr.
Dann kommt der Mond und schwarzviolett
fällt die Nacht über dich her.

Hey du, ich hab keine Millionen.
Hey du, ich wohn nicht in Berlin.
Nur ich und du, das würd sich lohnen.
Ich geh mit dir, egal wohin.
Hey du.

(Songtext)

• Munkelmann (Sommer und Winter) •

Munkelmann hat ’n Trenchcoat an,
Munkelmann hat ’n Trenchcoat an,
will nicht mit der U-Bahn fahr’n,
weil er Angst vorm Dunkeln hat.

Winter kommt ins Haus geschneit.
Kühle Atmosphäre.
Grinst heute besonders breit,
Sommer kommt ihm in die Quere.

Sommer hat mal hier gewohnt,
glaube bis September…?
Frag doch mal den Munkelmann,
if he could remember …

Munkelmann sucht den Notausgang,
Munkelmann sucht den Notausgang.
Winter wohnt jetzt nebenan.
Mit schwarzem Afghan’ an der Leine.

(Munkelmann schreit:)
»Winter, du … du Humanpräparat!
Mit deinem Schamlippenstift!
человека образцы!
Muestras de seres humanos!
Mänskliga exemplar!«

Munkelmann

Die letzten Strahlen der Heizsonne ließen den Teppichschnee rötlich-silbern glänzen. Hinter der Toilette lag das vergessene Eishörnchen in Schokoladensoße und schmolz dahin. Aus der Ferne vernahm man das leise Rauschen der Trockenhaube und das Plätschern des alternden Wasserhahns, der über das Wasserlassen im Allgemeinen und sein fortgeschrittenes Alter grübelte.

Es roch nach Glanzreiniger und Gardinenneu!

Laut glucksend flog eine WC-Ente durchs Bad, landete platschend in der Wanne und tauchte schnell im Superschaumbad unter, als ein Teppichschneegestöber aufkam.

»Wir müssen endlich etwas unternehmen«, riefen die flüssigen Saubermänner im Unterschrank, »und zwar sofort!«

»Wir müssen endlich etwas unternehmen und zwar sofort!«

»Wir müssen endlich etwas unternehmen und zwar sofort!«

• Stemmen •

Aufgabenteilung und operatives Geschäft.
Mail an einen gut befreundeten Geschäftspartner.

Hallo Ortwin,

habe eine Nacht drüber geschlafen und bin schweren Herzens zu dem Entschluss gekommen, dass du die Präzisionsarbeiten übernehmen solltest.

Du bist mit dem Meißel einfach eine Macht. Sowohl in der Luft, als auch bei Ecken.

Für mich war Stemmen immer das dekorative Abtragen vorhandener Bausubstanz, ein kreativer Prozess, aber eigentlich ist *Stemmen* eine niedersächsische Gemeinde im Osten des Landkrei-ses Rotenburg (Wümme), an der Grenze zum Landkreis Harburg.

• Kelle •

Eigentlich ist nichts verkehrt
wenn keiner kommt und sich beschwert,
dachte Maurermeister Kelle
als er langsam und genüsslich
an seiner Wurst mit Pelle kaute
und sein Tagewerk verdaute.
»Wenn nur der alte Architekt
morgen Mittag nichts entdeckt …«
Der Blick ins Glas war heute tief,
folglich war die Mauer schief.
Da passte wirklich keine Fuge.
Wahrscheinlich lag's am letzten Zuge
aus der mitgeführten Flasche
(die hat er in der Aktentasche).
Gegen Abend dann ging Kelle
ein paar Stündchen »auf die Schnelle«
in die Kneipe an der Ecke,
denn daheim fiel ihm die Decke
eigentlich und immer wieder
auf die roten Augenlider.
Hier saß er oft zu später Stunde,
und spendierte manche Runde
meist geselligen Bekannten,
die lobend Kelles Namen nannten.
Irgendwie und irgendwann
trat Kelle seinen Heimweg an.
Nahe dem Delirium
bog er auf halber Strecke um
und torkelte zur Arbeitsstätte,
was besser er vermieden hätte!
Denn als er auf die Leiter kroch,
hielt zwar diese Leiter noch,
aber nicht mehr jene Wand –
unter der er dann verschwand.

Strophe: Hm, G, Am

Die Sonne geht unter und die Sterne leuchten hell.
Die Ratten werden auf einmal munter und gehn sich plötzlich ans Fell.
Der Captain kommt ums Eck. Hat ne fürchterliche Fahne, wie alle hier.
Das Wasser ist schlecht, er lebt nur noch vom Schnaps und vom Bier.
Captain, im Heck ist ein Leck, und die Bordwand ist dünn wie Papier.
Captain, die Ratten werden jeck, und die Haie schwimmen Spalier.

Refrain: G, Gm, D

Doch wir fahren weiter in den Hurrican,
immer weiter geradeaus.
Wir schlagen nen Salto und werden untergehn,
irgendwann macht's peng und dann ist es aus.

Strophe: Hm, G, Am

Ich steh an Deck, der Kahn schaukelt rauf und runter.
Hier draußen riecht's nach Sturm und die Wolken fliegen vorbei.
Die See schenkt uns nichts, wir werden ganz grün und noch bunter.
'S wird langsam riskant, und die Wellen schlagen zehn Meter hoch.
Captain, wir wollen endlich weg, wir sind einfach schon zu lange hier!
Captain, die Ratten werden jeck und die Haie schwimmen Spalier.

Refrain: G, Gm, D

Doch wir fahren weiter in den Hurrican,
immer weiter geradeaus.
Wir schlagen nen Salto und werden untergehn,
irgendwann macht's peng und dann ist es aus.

Strophe: Hm, G, Am

Captain, ich glaube, da vorn ist der Hurrican.
Wir schlagen nen Salto und werden untergehn.
Irgendwann macht's peng und dann ist es aus. **Stopp!**

(Songtext)

• Werner Schreiners neue Säge…

…verhielt sich selbst in steiler Schräge
unverhältnismäßig träge.

Er versuchte es mit Chili.
(Ein heißer Tipp von Onkel Willi
aus der Nervenheilanstalt.)

Nun ging er also in den Wald
mit der scharf gewürzten Säge
und fand direkt am Wegesrand
eine Tanne, die da stand.

Er machte sich sofort ans Werk
und sägte, weil er nicht verstand,
wie seine Säge sich bewegte,
in seine freie linke Hand.

Traf dort ein großes Blutgefäß.
Er fiel vor Schreck auf sein Gesäß
und war, wie man jetzt schon vermutet,
am Ende völlig ausgeblutet.

• Herr Herrmann Mann •

Herr Herrmann Mann,
Herr Herrmann Mann,
der außer Herr auch Frau sein kann,
zieht gerne Seidenschlüpfer an.
Herr Herrmann Mann
tanzt den Can-Can
der Männlichkeit.
Herrmann ist die Herrlichkeit.
Herrmann ist die Herrlichkeit.

Er würde gerne eine Hausfrau sein,
das fänd er geil und komisch.
Er hätte bitte gern viel Dreck und Schmutz,
dann hätt er viel zu tun.
Er würde gerne auf die Leiter steigen,
sich den Leuten zeigen,
das fänd er geil und komisch,
Sechzehn Stunden würd er putzen,
Acht Stunden würd er ruh'n.

(Songtext 1981)

• Hohes Tier in einer Fernstadt •

(Walter Mumpitz war hausintern
als Scheiterhaufen bekannt)

Drastisch dick vermutest du nichts,
wenn du ein hohes Tier in einer Fernstadt wirst.

Alles ist auf dich fixiert,
auch wenn es dich nicht interessiert,
wenn du ein hohes Tier in einer Fernstadt wirst.

Und wenn du extra für sie kommst,
ist es sicher nicht umsonst,
wenn du ein hohes Tier in einer Fernstadt wirst.

Auf Dauer alles permanent,
auch wenn dich hier noch keiner kennt,
wenn du ein hohes Tier in einer Fernstadt wirst.

Abends, im Hotel, fand er noch eine Notiz von seiner Sekretärin:

»Kirsche und Birne sind kommendes Holz!
Wenn du ein hohes Tier in einer Fernstadt bist.
Und weil Neuseeland kein anderer Erdball ist,
wenn du ein hohes Tier in einer Fernstadt bist,
ist es für mich verflixtnochmaler Mist,
wenn du ein hohes Tier in einer Fernstadt bist.«

: - (
Emma

• Früher •

Früher war es schwüler, früher war nicht lang.
Heute ist es kühler, hoffentlich nicht lang.
Wo hör ich heute auf? Wo fang ich morgen an?
Die Zeit vergeht im Flug, fahr lieber mit der Bahn.

Mach doch einfach rüber, stell dich nicht so an.
Frag nicht, wo ich früher einmal war.
Was ziehn wir heute aus und nie mehr wieder an?
Wir waren uns schon lang nicht mehr so nah.

Der Morgen kommt aus Osten mit 100 000 Watt.
Das darf auch ruhig was kosten, ist doch klar.
Wo gehn wir heut noch hin und hauen uns dann weg?
Vielleicht sind wir schon morgen nicht mehr da.

(Songtext)

• Flandern (September 2014) •

Wir rennen quer durch die Ardennen.
Laufen alle über den Haufen.
Wir wollen flugs nach Flandern. »Zum Wandern?«
»Na klar! Wie alle and'ren auch,
wie der da hinten mit dem Bauch
und der da vorne aus Witten,
der Sack.« Zack-zack!
Wir wollen nach Flandern, zum Wandern!

Die Hilde und die Heide rasten auf der Weide.
Steh'n bis zu den Waden in saftigen Fladen.
Zwei Spaßbremsen boxen vor malmenden Ochsen:
Der mit dem Bauch mit dem da aus Witten.
Es geht um das Weib weiter vorne.
Die betritt jeden Raum zuerst mit der Brust.
Großes Getöse, der Dicke wird böse,
schreit: »Ich verlier gleich die Lust!
Wir wollen nach Flandern, zum Wandern!
Da ist es flach wie ein Brett, wie mit dem Eisen gebügelt!«

Almut und Anneke flennen.
Der Dicke meint, seit den Ardennen.
Er würde auch gerne mit Anneke wandern,
entweder sofort oder später, in Flandern.
Doch dann geht der Dicke abends noch saufen
und wird sich am nächsten Morgen verlaufen.

Der Wittener läuft jetzt ziemlich am Schluss
weil er sein großes Geschäft machen muss.
Mit Schweiß auf der Stirn und Blasen am Fuß
sitzt der Dicke mit seiner Fahne im Bus,
auf dem Weg nach Flandern, zum Wandern.

Dann steigt eine zu und schenkt ihm das Du.
Verwechselt sie ihn mit nem Andern?

Almut und Anneke winken, laufen wie auf Eiern. Sie hinken.
»Schnauze voll! Mit Wandern ist Schluss!«
An der Straße steht plötzlich der Bus. Mit dem Dicken.
Und der speichelt vor lauter Entzücken.
Jetzt freut er sich wieder auf's Wandern,
ob hier oder später, in Flandern.

• Du tropfst aus meinen Augen •

Du tropfst aus meinen Augen,
ich leck die Pfützen auf.
Mein Kuss bleibt dir gestohlen,
ich komm erst später drauf.

Du liegst auf meiner Zunge
und wälzt dich hin und her.
Du sagst, du kommst aus Österreich,
aus einer Stadt am Meer.

Hast mich in Schweiß gebadet
und ultramariniert.
Mein Kopf ist jetzt Martini,
geschüttelt und gerührt.

(Songtext)

• Königspudel mögen keinen Jazz •

(»Mach mir den Hof und vergiss nicht die Toilette!«)

Da läuft sie wieder Amok mit dem Wauwau (Wah-wah)
durch die Straßen, durch den Park und übers Wasser,
die platinblonde Dame mit dem Wauwau. (Wah-wah)
Ich glaube, Königspudel mögen keinen Jazz!

Rosenmontag küsst die Dame gerne Cowboys
und die attraktiven Indianer,
drüben bellt der angeleinte Wauwau.
Ich glaube, Königspudel mögen keinen Jazz!

Indianer lassen gern die Puppen tanzen
im Kleinen und im Großen und im Ganzen
(aber innerhalb normaler Toleranzen)
und darum mögen Königspudel keinen Jazz.

Ihr Wauwau frisst die Mäuse wie Pralinen
unten bei den alten Silberminen,
im tiefen Gras und in den hohen Dünen –
Königspudel mögen keinen Jazz!

Wilde Dackel kontrollieren Promenaden.
Manchmal sind es weltweit über zwei Milliarden.
Sie beißen alte Kerle in die Waden
und darum mögen Königspudel keinen Jazz.

(Songtext)

• Kein Zuckerschlecken •

Kein Zuckerschlecken,
muss Mäusemelken,
bin Opfer der Macht der Gewohnheit.
Kein Alibi und keine Tarnung.
Keine Ahnung, ob vielleicht
noch was passiert.

• Publikum hat Spaß •

Klavierkonzert für Trockenbauer
heute im U 3.
Leider wenig Publikum,
aber voll dabei.

Hört 'ne tolle Etitüde,
gerne ganz auf Gras.
Wird auch überhaupt nicht müde.
Publikum hat Spaß.

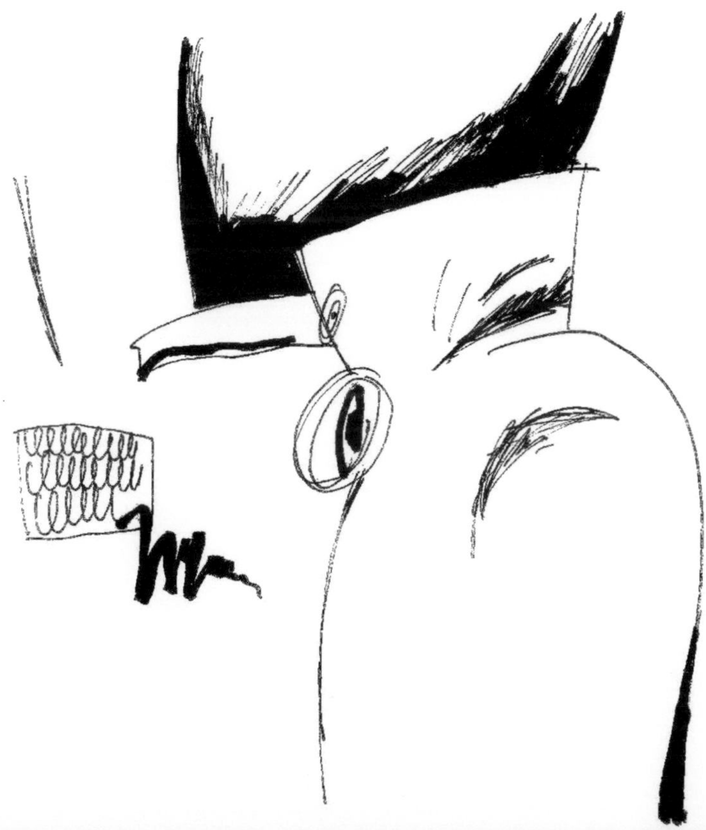

Distanzwaffe aus den sechziger Jahren des 20. Jahrhunderts. Wurde von jungen Hochfelder Eingeborenen zur Fliegenjagd verwendet. In der Standardausführung mit fest montierter Taschenlampe und Streichholzschachtel (für Einsätze in der Dämmerung und den Biwaks im elterlichen Wohnzimmer). Die Länge variierte zwischen 80 und 100 cm. Das Gewehr musste nach jedem Schuss neu geladen werden. In verschiedenen Hochfelder Haushalten werden Einmachgummigewehre heute noch zu repräsentativen Anlässen (u. a. beim rituellen Rauschtrinken im Böninger Park) getragen.

• Zartrosa Cowboys •

Bill stand am Grill,
denn Clint mochte Rind.
Pete sang sein Lied
und Matt roch nach Zwiebeln.

Steve grinste schief.
Jack war schnell weg.
Lee sah man nie
und Joe soff Whisky aus Kübeln.

Um Jim stand es schlimm,
denn Sheb war bei Jeb.
Tom wollte komm',
doch er lernte Ben kenn' …

Bud war es satt.
Er ritt in die Stadt
zu den zartrosa Cowboys,
den heimlichen Diven. *

** Bud und Dave sahen Charlie und Doc George noch mal abends bei Morgan's.*

(Songtext)

• Morgen Nacht •

Hollywood-Zombies riechen ganz gut
außer unter den Armen,
da kennen sie kein Erbarmen.
Am besten riechen die Damen.
Morgen Nacht.

Hollywood-Zombies kippen nach vorn,
wenn sie sich verneigen.
Die Opferzahlen steigen,
am Ende schluchzen die Geigen.
Morgen Nacht.

Hollywood Zombies sind nachtaktiv,
wenn sie sich vereinen
auf nackten Pflastersteinen.
Morgen Nacht.

Hollywood Zombies schenken sich nichts!
Wenn sie sich dividieren,
ist ein Teil von ihnen hier,
der andere bis morgen in Düren.
Morgen Nacht.

P.S.
Hollywood-Zombies leben modern
in Körperinstallationen
mit mehreren Personen
zum Schlafen oder Wohnen.
Morgen Nacht.

• Futschikato •

Ultraleichte Schwerverbrecher,
eingerollt in Cellophan,
bleiben länger frisch.
Supersüßes Stückchen Dreck
sitzt abends auf dem Küchentisch.
Und die alte Augenweide
tauscht Mäuse gegen Speck.
Wenn du im Futschikato sitzt,
ist alles ex und weg.
Ist alles ex und weg.

• Kurz danach •

Kurz nach der letzten großen Erneuerung,
als sich zeigte, dass Klischees zeitlos sind
und das neue Alte gut, kurz danach
fiel kein Meister vom Himmel –
aus Fragen der inneren Sicherheit.

Jede ist sich selbst die Letzte,
selten eine Fortgesetzte –
aus Verlangen und Prinzip,
selbst im Batteriebetrieb.

• Melanie, das supersüße Stückchen Dreck,

frisierte alle Köpfe des organisierten Verbrechens in der Hochfelder Charlottenstraße. Da gab's früher auch schon mal ganz unprätentiös was aufs Maul für blödes Gequatsche, aber ihre Zuckerschnute blieb makellos – weil sie jeden Morgen Kampfcreme auftrug, eine Mixtur aus der Bären-Apotheke des angesehenen Dr. Kottenberg.

Die Alten sind nicht die Summe ihrer Falten, stand auf einem Transparent, das vor dem Fenster der Eckkneipe Hochfeldstraße/Valenkamp hing.

Hier trafen sich am einzigen großen Tisch, hinten in der Ecke, die letzten Absolventen der Hauptschule am Blücherplatz, ab und zu kam der aschfahle Hausmeister vorbei, in letzter Zeit aber seltener, er hatte Problemchen mit seiner jüngeren Frau, fiel immer hinten runter, und das wussten hier alle.

Ich wachte auf und blinzelte mit den Augen. Ein Nickerchen. Zum Glück war es nur ein Traum.

Fachbereich Sanitär

Aufgabe	Benotung	Pkt.
Doppelter Schlauberger auf hängendem WC mit senkrechtem Abgang	gut	81
Badewannenstöpsel ziehen (3,79 Sek., handgestoppt)	sehr gut	95
Schmutzige Dichtungen hinter einem durchsichtigen Duschvorhang vortragen	befriedigend	66

Fachbereich Elektro- und Metalltechnik

Glühbirnen eindrehen mittels Siemens-Pirouette (einhändig)	gut	82
Sicherungen ausschalten (mit 18er Eisen)	sehr gut	93
Schrauben verschlüsseln a) im freien Gelände (mit 2,6 Promille) b) in verschlossenen Räumen (mit Doppel-Hut)	 befriedigend ausreichend	 66 53

Fachbereich Verkehrstechnik

Putzfrauen stülpen	befriedigend	65

Herr Walter Mumpitz hat die bestandene Prüfung absolviert und mit sechsfachem Erfolg abgelegt.

Der Prüfungsausschuss

....	....
Geschäftsführer der Novostrom-Ultra	Universität Bad Kleinengstirn
Inkontinenzbeauftragter	Fachbereich Festkörperhygiene

5. Oktober 2017
Klaus Grospietsch

Martin saß drüben in der Ecke, seine Klangperücke war um Haaresbreite verstimmt – und wir mussten in einer Viertelstunde auf die Bühne. Also verschwand er im Hof, da war es etwas leiser.

Seit Sommer 1981 spielten wir Wave und bauten auch ein paar Showelemente ein. Lichteffekte, selbstgeschneiderte Plastikanzüge, futuristische Keyboardständer, umfunktionierte Staubsaugermotoren, die nicht saugten, sondern über einen Holzkasten Konfetti ins Publikum pusteten und über Fußschalter bedient wurden – genial! Jürgen, unser Gitarrist, war zwar Elektriker, aber es war nicht seine Idee gewesen...

Dieter hatte in der 11 oder 12 in den Sack gehauen und war jetzt Kranführer bei Mannesmann. Hier probte er nachts auf dem Kran immer Mühlen und Paradiddles für seine Aufnahmeprüfung und redete und redete über Charlie Antolini und die Basler Trommelschule, zitierte Hüsch und Polt. Seine Breaks: arschgenau. Nicht ausgeschlafen, nervten aber schon mal seine Launen.

• Maschine •

Ich bin gerne Ihre Maschine,
wenn ich Ihnen dienen kann, Madame.
Gut sehn Se aus!
Ha'm Se was genomm'n?
Oder auch was machen lassen?
Man sieht's an Ihrem Lächeln.
Ihr Mann hat bestimmt in Weiß geheiratet,
der Bäckerbursche.
Ich bin gerne Ihre Maschine,
wenn ich Sie bedienen kann, Madame.

Schöne fremde geile Vibes!
Zeig mir deine Leibesübung!
Dein kochendheißer Atem
verbrüht mich, wenn ich baden geh',
Du riechst so gut, bleib so steh'n,
mein ganzes Leben lang!

Ertappt bei einem zarten Clinch
beziehungsweise *in flagranti* –
mit einer feschen Anti-Tanti,
die immer mit der Mode ging,
flog er aus dem Reihenhaus.

Die erste Nacht war ziemlich kalt,
auf nassem Laub und auf Asphalt.
Da war die zweite etwas besser.
Mit geklautem Frühstücksmesser
knackte er die Tür zum Keller
und roch leicht nach Appenzeller.
Klar, drei Tage nicht geduscht.

Er killte eine Flasche Wein,
danach schlief er langsam ein
und traf im Traum die Untersetzten,
die ihn dreist beim Chef verpetzten
(Der saß in irgendeinem Beirat
und fuhr auf einem Dreirad
die ganze Zeit im Kreis.
Eigentlich ein guter Posten.
Man kassiert auch Reisekosten!)

Aus der Traum! Er wurde wach,
draußen tobte Straßenkrach.
Er schlich aus reiner Unvernunft
aus seiner warmen Unterkunft.
In der Summe aller Fehler
wurde er zum Ich-Erzähler
aus einer Extradimension.
War erst ein Horizont erreicht,
eindeutig, oder nur vielleicht,
philosophierte er im Raum
über Wirklichkeit und Traum
in der Seele seiner selbst.

Von Freundin, Hund und Gott verlassen,
aber trotzdem recht gelassen
lief er morgens in die Stadt,
wo er noch ein Schließfach hat
mit privatem Notgepäck,
optimal für jeden Zweck.
Damit trampte er nach Texel.
Für ihn ein Paradigmenwechsel.

Mit einer Auswahl Klangperücken
konnte er die Frau'n entzücken.
Um Haaresbreite leicht verstimmt,
und wenn man es genauer nimmt,
sogar ziemlich derb daneben
und nicht einmal so eben,
spielte er für sie Romanzen
und ließ sie auf dem Pflaster tanzen.

Nach längerer Arbeitslosigkeit bekommt der dicke Patzer auf eine seiner vielen Bewerbungen überraschend eine Zusage der Firma *Heckmeck & Mumpitz Ltd.*, London, wo er von Beginn an die Bearbeitung aller indirekten Inkontinenzunterlagen übernimmt und drei Pfund die Woche verliert.

Als gelernten Buchhalter erregen ihn nur nackte Zahlen, aber als er nach einer Woche die fertigen Inkontinenzunterlagen abgibt, fällt ihm auf, dass Heckmeck eine Narbe an genau derselben Stelle hat wie Mumpitz.

Bei genauerer Betrachtung erkennt er, dass sich die beiden Männer auch sonst, selbst für langjährige Geschäftspartner, übermäßig ähnlich sehen, und er es wahrscheinlich mit der gleichen Person zu tun hat. Er vermutet, dass es sich bei dieser Person um ein giftiges Raubkatzenkrokodil handelt.

Weil sein Wagen außer Betrieb ist, kommt er von nun an mit dem Deo-Roller in den Betrieb.

Nach einer weiteren Woche gibt es bei Heckmeck & Mumpitz plötzlich eine Hausdurchsuchung mit dem berühmten Spürhund SUPERPANSEN, und es werden Teile der Produktion sichergestellt.

Bei der Untersuchung der indirekten Inkontinenzunterlagen werden geringe Mengen eines verdächtigen Alkaloids in einem kleinen Umschlag gefunden mit der Aufschrift: »Alle sind fein raus, und das ist allererste Sahne!«

Frischling, ist das deine Zitze?
Extrawurst kommt hier nicht an!
Hier geht's lang,
nach Rang und Namen!
L. Berfeld kennt kein R. Barmen!

Und kräftig in der Furche ackern!
Bis der Schweiß 'ne Pfütze macht!
Ohne Tritte geht's nicht weiter.
Auf allen Sprossen dieser Leiter.

Dieser Fetisch ist magnetisch!
Diese Blicke sind subtil.
Diese Körper sind athletisch.
Überleben heißt das Spiel.

Die ersten Vögel zwitscherten das Lied der unberührbaren Naturereignisse in ihrer vollkommenen Schönheit aus unbeschreiblichen Kompositionen eines verschollenen Meisters vergangener, nie wiederkehrender Zeiten. Wohingegen die ersten Sonnenstrahlen an verstreuten Steinen am Wegesrand mit Bäumen züngelten, die jetzt schon viel heller waren als durch das aufkommende Sonnenlicht des angebrochenen Tages – am Ende der Nacht.

Stunden später würde die flimmernde Hitze alles einschläfern und die Putzmunterkeit aller Lebewesen, die hier mitunter teilweise feuchtfröhlich lebten, ermüden. Gleich einem gleißenden Tuch aus hell durchwirkter Seide, das mit der Zeit an den Seiten etwas ausgefranst war, durch das alltägliche Ausbreiten über endlos weite Flächen, von der Hügelkette bis zu vereinzelten Bäumen in der Ebene mit beziehungsweise ohne Restlaub, mit gebrochenen Ästen.

Einsam zog ein verflogener Adler seine Kreise, weil er den Bestimmungsort der Adler von vorhin nicht kannte, wobei er mit einem Auge kniepte, in das ihm seinerseits etwas hineingeflogen war, wahrscheinlich eine Fliege oder ein kleines Insekt, das sich in zu große Höhen gewagt hatte, bestimmt aus Unachtsamkeit, vielleicht aber auch aus jugendlichem Leichtsinn, das viele Insekten dieses gefährlichen Alters die Zukunft kostet, indem sie sekundenschnell ableben, fast in einem Bruchteil.

Weil der Adler musste, machte er, wie selbstverständlich, auf den Kopf eines kleinen Kaninchens, das sich erschreckte und gegen einen vereinzelten Baum ohne Restlaub lief und bewusstlos liegen blieb. Aber dann wachte es aus kurzer Bewusstlosigkeit wieder auf. Es putzte sich, noch reichlich benommen. Als es sauber war, machte der Adler noch mal aus der Luft. Auf die gleiche Stelle. Auf den Kaninchenkopf.

• Knistern im Schritt •

Ich hab keinen Strom,
nur noch Kerzen.
Geht aber auch ohne Licht,
wir machen's ja nicht mit den Herzen.

Die alten Fenster sind auch nicht mehr dicht.
Am besten, du kommst einfach mit,
denn wir haben dieses leise Knistern im Schritt.

Ich hab auch nur Falschrum mit Cola.
Ich glaub, das könn' wir verschmerzen?
Und ein Wein ist noch da, der is'n Gedicht.
Aber wir machen's nicht mit den Herzen!

Ach ja, die Fenster sind auch nicht ganz dicht…
Ich nehm dich einfach nur mit,
denn wir haben dieses leise Knistern im Schritt.

Das verpisst sich, wenn's wieder hell wird.
Der Wolf ist weg, wir sind quitt.

Bis zum nächsten leisen Knistern im Schritt.

• Heute Nacht •

Heute Nacht ist die Nacht
der ehrlichen Häute.
Die braven Bräute
wahren den Schein.

Finstere Kerle
machen jetzt Beute
und lassen ihre Bräute
allein.

Die angeln sich andere finstere Kerle
und tragen heut' Nacht
den Ring mit der Perle
und wahren gerne den Schein.

Geile Gier und stille Sehnsucht
schwimmen in rotem Wein.
Finstere Kerle saufen Schnaps.
Düstere Augen, die funkeln,
wenn sie mit anderen Bräuten schunkeln.

Heute Nacht ist die Nacht
der ehrlichen Häute
und die braven Bräute
wahren den Schein.

Vulkane in Spitzenhöschen,
kohlrabenschwarzer Humor,
Pulver in Silberdöschen,
schräge Vögel brüllen im Chor:
»Ihr kriegt, was ihr wollt –
wenn ihr gut seid!«

Blondes Fieber, Drogenschieber,
Hasilein und Häschen
gönnen sich ein Näschen.
Der Lude mit dem Brilli im Ohr zischt:
»Ihr kriegt, was ihr wollt –
wenn ihr gut seid!«

Sie kämpfen mit Haken und Ösen,
die bösen und die guten (Mösen).
Ein Extra für ein Scheinchen?
Oder ein Steinchen in Gold?
»Ihr kriegt, was ihr wollt –
wenn ihr gut seid!«

• Gott •

Ich nenne dich mal Gott,
denn du brauchst einen Namen.
Alle warn heut' Nacht auf der Suche nach sich selbst.
Alle, die noch hier sind, die gingen oder kamen...
Alle warn heut' Nacht auf der Suche nach sich selbst.

Du bist traurig, aber wahr,
immer nur nicht da, wo man dich braucht.
Du bist verbraucht!
Bist wahrscheinlich unwahrscheinlich.
Möglich, aber nicht unmöglich.
Normalerweise nicht normal.
Ist aber egal. Total egal!

Ich nenne dich mal Gott,
denn du brauchst einen Namen.
Alle warn heut' Nacht auf der Suche nach sich selbst.

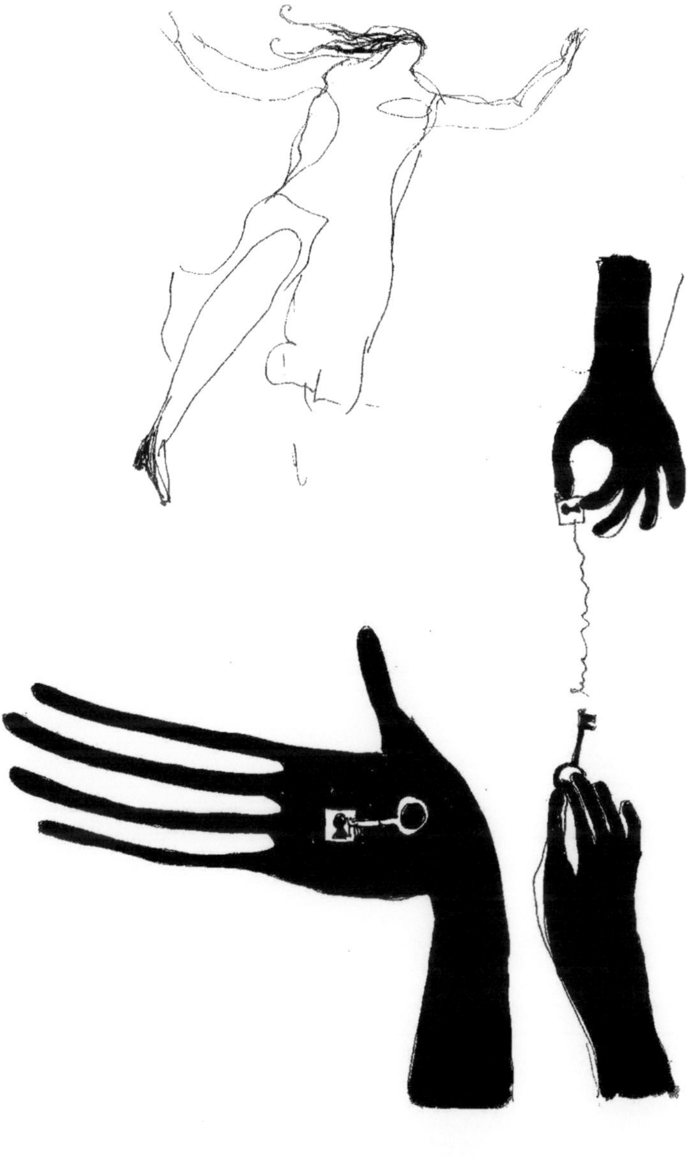

• Vertan •

Aus dem Kopf geheulte Augen
lagen auf dem Küchenboden,
daneben die Kaputtgelachte,
und jenseits aller Tränen
fuhr grad der Pizzamann vorbei.
Der war eigentlich ein Schrauber,
der machte das nur nebenbei.
Dann explodierten die Gefühle
vor einem Sonnenuntergang
und die beiden Durchgedrehten
liefen kilometerlang.

Im hohen Norden, tiefen Süden,
wilden Westen und im Osten
machen Herzen Schmerzen
und Tränen tropfen tief.
Was war, das war, was wird, wird sein,
doch nichts davon ist wahr.

Vollkommen Fremde sind oft nachts unterwegs,
meistens von heute auf morgen.

• Hallo Lieblingsleiche •

Du spielst im Krimi nur die Leichen,
klar, kann jedem mal passier'n.
Du bist ganz selten zu erreichen.
Wann geh'n wir noch einmal spazier'n?

Du bist am schönsten tot von allen,
frisch geschminkt und dann krepiert.
Kannst gekonnt vom Hochhaus fallen,
bist letztens sogar explodiert.

Abgeknallt und abgestochen,
in der Mitte aufgeplatzt.
Mal eben das Genick gebrochen
oder sauber abgekratzt.

Selbst sonntags gehst du gerne hops,
oft zu jeder vollen Stunde –
und freitags immer mit dem Mops
kurz mal eben vor die Hunde.

Kein Regisseur kennt deinen Namen
(der wird auch schon mal überklebt),
hast den Tod und andre Dramen
aber immer eiskalt überlebt.

Ich und du und deine Ichperspektive
und dein Borderline-Collie
und die Liebesbriefbomben,
die nie explodiern.
Und dein Designerbadezimmer
mit dem rosa Flamingo
und die Voodoopuppenkisten,
die mich irritiern.

Du und ich und der Papa deiner Freundin,
ich frag mich immer wieder,
wo ich denn hier bin?
Werde Händeringer in der Achtzigkiloklasse...
und immer zick-zack
durch deine Weltgeschichte,
deine Weltgeschichte.

Wir waren gut gelaunt, bis der Schlagersänger kam,
der sterbende Schwan.
Der Peter Alexander für Arme ohne Beine,
die bleiben, wo sie sind
und hören müssen, was da kommt,
das ist ja das Gemeine!
(»Die mütten hören wat da tommt, echt gezz?«)

Doch jeder, der so tut, ist auf seine Art gut,
man braucht nur etwas Mut für diesen Käse.
Wenn die das hören, werden Schwäne richtig böse!
aber mal so richtig böse!

Wir waren gut gelaunt, bis der Schlagersänger kam,
mit Oberlippenbart über der Warze.
Jetzt ist aber mal Schicht mit deinem Gesicht hier!
Was kriegen wir dafür, für die Reklame?
Wie war noch mal der Name?"

Wir waren gut gelaunt, bis der Schlagersänger kam,
mit extraweichem Kern und weicher Schale.
Das, was jetzt kommt, ist wirklich nicht dein Ding,
doch das Längliche muss immer ins Ovale,
muss immer ins Ovale, ins Ovale!

• Pullover •

Is'n Ding, euer Pullowa is hin,
is'n Ding, euer Pullowa is hin!
War ja 'n neuer Pullowa,
war ooch 'n teurer Pullowa.

Is 'n Ding, euer Pullowa is hin!
War ja 'n feiner Pullowa,
war 'n Designerpullowa.

Is 'n Ding, euer Pullowa is hin.
Hamse wohl zu heiß jewaschen.
Sieht man ja ooch an die Maschen hier.

Schau 'n Se mal, hier is det Wollprogramm,
schalten Se det einfach vorher mal an.
Wechseln Se ooch mal den Rhythmus,
aber so, det er kann, wenn er mit muss.
Damit könn' Se 'n pflegen und schonen,
Se woll'n in so 'm Ding ja ooch wohnen.

Is 'n Ding, euer Pullowa is hin!
Hier, det nimmt ooch meene Olle,
ist extra für Schmusewolle.

• Überall und nirgends •

Überall und nirgends
passiert ja immer noch am meisten.
Ich war grad mal weg vom Fenster,
kommst ausgerechnet du vorbei.
Hätte dich sonst sehen müssen.
War woanders auf der Lauer
und zwischendurch mal eben pissen.

Überall und nirgends
passiert ja immer noch am meisten.
Da schießt sich jemand in den Kopf
und trifft dabei noch seine Frau.
Man weiß es oft nicht so genau,
ob gewollt oder gekonnt.
So richtig 007.

Überall und nirgends
fährt irgendwann ein Bus vorbei.
Überall und nirgends
ist immer irgendwo was los.

• Retoure •

Ich scheiß ein Herz vor deine Tür
und schreib dazu:
»Es will zurück zu dir.
S'il vous plaît, avec plaisir,
grüß deinen blinden Passagier von mir.«

Ein Zeitmaschinist kommt eben vorbei
und flüstert leise: »Das war's mit euch zwei.
Wölfe und Schafe tauschen manchmal ihr Fell.
So was passiert. Bei euch ging's sehr schnell.«

• Lebenslänglich Märchenhaft für Heckmeck und Mumpitz •

Auf Klaus Grospietsch, den nie versiegenden Quell der Verpeiltheit, Vorsitzenden von Quatsch durch Freude, Gaffer Tape Artist, Hard Edge Cook, Johann Sebastian Fluss der Unfuge und Sprayer von hinten. Oder, wie Holger sagen würde: Ist ja eh gelogen.

Eine Nachhudelei von Thommie Black

1 Stehaufmännchen und Machzumännchen

Es war 2015, ein heißer Sommer, die Sonne brannte auf den Leinpfad, der Ruhrorter Pegel drohte unter zwei Meter zu sinken und es war klar: Die RuhrART-Galerie brauchte Sonnenschirme. So klassische Teile zum Rein- und Raustragen verboten sich wegen der niedrigen Eingangstür und sowieso, sie hätten ja auch, bei den mitunter scharfen Winden hier, betonschwere Ständer gebraucht. Klaus hatte die Lösung: so Gelenkarme, die sich in die Wand schrauben und dann ausziehen ließen, vorne dran eine Halterung fürs Schirmchen.

»Du musst sie höher anbringen, sonst ballern da Leute vor.« Und die Metalldiebe nicht zu vergessen. Verlässlich hatte sich eine fröhliche Blase nicht-zupackender Besserwisser vor Klaus' Laden eingefunden – beim *Hübi* war nachmittags ja alles voll mit Touristen.

Klaus tat wie anempfohlen. Nach mehreren Bohrversuchen in Wer-weiß-Stahlträger oder Stromleitungen waren tatsächlich ausreichend Schrauben im Mauerwerk versenkt und die Schirme angebracht. In schätzungsweise zwei Meter zwanzig Höhe. Wenn man jetzt gegen Mittag da war und sich ganz dicht an die Wand setzte und gerade hielt, dann hatte die Stirn tatsächlich Schatten.

Sah super aus, war aber sowieso für'n Arsch, kein Jahr später waren Galerie und die gesamte Rückseite des Gebäudes Dammstraße 1 eingerüstet und der Eigentümer ließ wie überall und wie von Sinnen

Dämmplatten anbringen und das Gerüst anschließend noch so lange stehen, bis das Frühjahrsgeschäft gelaufen war. Dass die Schirmchen sich je amortisieren würden, hatte Klaus wahrscheinlich selbst nicht geglaubt, wie auch die Unzweckmäßigkeit der Anbringung vermutlich intendiert war, aber irgendwann reicht's.

Im September 2016 machten Klaus und seine Frau Tatjana die RuhrART-Galerie dicht. Zum zweiten Mal. Zum zweiten Mal mehr reingesteckt als rausgeholt, die investierte Freizeit nicht einmal mitgerechnet.

Über die Liebe der Leute zur Kunst lernt viel, wer in allerschönster Lage eine Galerie aufmacht und von den traumverlorenen Schiffsmodellen Hansgerd Honnens über die altmeisterlichen Gemälde Dimitry Zhdankins bis zu Fotografie, Keramik und »Rhineheart« für aber wirklich jedermanns Augenlust etwas anbietet, dazu Kaffee und – mangels Schanklizenz – einen »besonders schaumigen Apfelsaft«, – und dann ist die häufigste Frage trotzdem: »Kann ich mal Ihre Toilette benutzen?« Ich muss mal groß, Pietsch.

Stehaufmännchen und Machzumännchen, das ist Klaus Grospietsch seit mittlerweile über sechzig Jahren. So 'n Spruch wie *Scheitern als Programm* wäre ihm schon zu hochtrabend, er verweist bei so Aktionen wie der mit den Schirmen – eigentlich bei allen seinen Aktionen – gerne auf die Urheberschaft der Firma *Heckmeck & Mumpitz*, als deren weiß Gott nicht immer stiller Teilhaber Klaus Grospietsch alias Walter Mumpitz seit grob geschätzt fünfundvierzig Jahren regelmäßig im Duisburger Kulturleben aufploppt, vorzugsweise an dessen Rändern.

2 Scheiterhaufen

Manchmal auch weit vorne. Nicht wenige erinnern sich an die Band *Knootsch*, die 1979 mit Punk'n'Rock loslegte und der Rhythmusgitarrist und Sänger Klaus Grospietsch ab 1981 deutschsprachige Texte verpasste, zum Beispiel »Herr Hermann Mann,/Der außer Herr auch Frau sein kann«.

Personell verändert ging's Richtung New Wave und Neue Deutsche Welle. Wortspieler Klaus prägte sich ein mit »Du musst was Thunfisch,/Du hast die Walfisch« und ließ Dornröschen »lebenslänglich Märchenhaft« verbüßen. Bei zwei verregneten Auftritten im

Meidericher Stadtpark blieb das Publikum trotzdem bzw. wohl auch deswegen, *Knootsch* schaffte es ins Vorprogramm der *Stray Cats* in der Rhein-Ruhr-Halle und trat bei der Universiade 1989 vor Udo Lindenberg auf, hatte sich zu dem Zeitpunkt aber auch so schon ziemlich im Mainstream verloren.

Tom Liwa soll damals zur Auflösung der Band aufgerufen haben. Ach, Duisburger Szene! Und als bei den *Duisburger Akzenten* 1993 an einem Bandprojekt nicht mehr *Knootsch*, aber Klaus teilnahm, lag die »Schirmherrschaft« bei Wolfgang Niedecken und Wolf Maahn (siehe eingangs). Nur achtundzwanzig Jahre nach dem Band-Aus kam 2017 der erste Longplayer mit dreizehn *Knootsch*-Songs von 1979/80 raus und war in weniger als zwei Monaten restlos ausverkauft.

»Walter Mumpitz war hausintern als Scheiterhaufen bekannt.« Der musikalisch immer Amateur und von Herzen Dilettant Gebliebene werkelte nach wie vor *Knootsch* wieder in diversen Bands und dem berüchtigten *X-Mas-Choir* herum, baute sich ab 1997 das Bandprojekt *pietsch* auf, bei dem er heute, wenn er sie denn zusammenbekommt, drei Profimusiker um oder hinter sich hat und damit den fetten Wumms, den er mag. Denn Klaus Grospietsch ist vor allem und für immer Rocker. Wie Lenny Kilmister hängt er das Mikro gerne höher, um sich dann seine Lyrics quasi selbst aus dem gestreckten Hals zu ziehen.

Rock kommt von Rotz. Dabei ist Klaus ein reinlicher Mensch, ehrlich, mixt sich seine Drinks gerne aus Handseife und Pflanzengranulat und ist auch sonst meist ein allenfalls moderater Trinker. Ich habe ihn schon unterm Tisch kriechen sehen, aber nur, weil er sich unbemerkt von einer Party verziehen wollte. Das war bei der Weihnachtsfeier der Hafen-, Wortmarke: *HFN-Jam*. Die hat Klaus 2012 erfunden, um auch mal andere scheitern zu sehen. Aus Angst vor 45-minütigen Bluesgitarrensoli stellte er die Viertelstundenregel auf – womit ich ins Spiel kam, der immer, wenn nach fünfzehn Minuten die orange Lampe anging, den Wechsel des Musikerpersonals moderieren durfte. Natürlich auch die Anmoderation, also die erste Viertelstunde, die immer vom harten Kern der Jam bestritten wird, ganz vorne: Klaus und sein kongenialer »Glibber Twin« Holger Schörken (wegen der Lautähnlichkeit zu *Tante Olga*, der weltbekannten Ruhrorter Sechziger-Jahre-Wirtin *Tante Holger* genannt), der nicht nur ein Leadgitarrist von Gnaden ist, sondern als Tontechniker auch ein Pedant, weshalb beim Aufbau, den die beiden meist ziemlich allein bestreiten, bedingt durch den Zusammenprall von Präzision und Verpeiltheit regelmäßig eine ziemlich knisternde Atmosphäre sich einstellt. Die zum Start noch nicht abgeklungen ist, weshalb sie die erste Viertelstunde regelmäßig verkacken.

Ist auch gar nicht wahr, meistens wird und am Ende sowieso alles gut. Was Klaus nämlich auch kann wie nur wenige, ist, andere einzubinden und gut aussehen zu lassen. Schauplatz der HFN-Jam von Beginn an ist die Kneipe *Zum Hübi*, die Dirk Hübertz 2007, ziemlich genau ein Jahr vor der ersten RuhrART-Galerie-Eröffnung, an den Leinpfad verlegt hatte. Der Rechtschreib-Revoluzzer ist auch immer ein guter Kandidat, dem Klaus, wenn er gerade nicht beide ist, eins seiner *Alter Egen* (HFN-Jam-Pluralbildung: Ouzen, Dilden…) Heckmeck und Mumpitz abtreten kann. *Hübistan* hat Klaus mittlerweile längst zum Mythenreich oder wenigstens -teich ausgebaut, mit explosionsgefährdeter Molekularküche und Entzündungen an den Äußeren Hebriden.

3 *Hi, Maat* ist auch nur ein Wortspiel

Außer der Zeit bei der Marine (Er hatte die Verweigerung verpeilt.) und einem nicht mehr näher zu klärenden Beschäftigungsverhältnis bei der Stadtbibliothek Oberhausen hat sich Klaus' Wirken und Walte(r)n wesentlich auf Duisburg beschränkt. Ein Heimatdichter ist er deshalb nicht geworden. Er ist Hochfelder, Mann! und weiß, dass in diesen ganzen wohlfeilen Anderswoisauchscheiße-Slogans viel identitärer Quatsch steckt. Und am Ende macht man Panegyrik für den Matjesverein? Dann lieber panne Gyros machen. Oder ganz nebenher die kürzeste und umfassendste Geschichte der Stadt Wuppertal schreiben: »Elberfeld kennt keiner. Barmen« – in seiner Schreibweise: »L. Berfeld kennt kein R. Barmen« ist's wieder schön daneben, weil's dann ja eigentlich »keine(n)« heißen müsste, aber sowas stört kein großen Geist).

Schreiben ist nämlich seine nicht neue, aber jüngst besonders hervor- und um sich tretende Stärke. Wo nämlich Rock, Heckmeck und Mumpitz gemeinsam Rache nehmen am Zwang zum bürgerlichen Broterwerb, da stellen Texten und Aufschreiben gleichsam, doch, ja, die Versöhnung her zum nämlich buchhalterischen Beruf. Aus wer-weiß-wiederum Rache für aus dem Biwak im elterlichen

Wohnzimmer abgefeuerte Einmachgummigewehre ließ der Vater den »kleinen Kaukasus« nämlich nicht aufs Gymnasium und am Ende gar auf die Kunstakademie, sondern hieß ihn erst Haupt- und dann Handelsschule besuchen, woraus in Klaus' *curriculum vitae* von 1974 bis -93 die beeindruckende Titelfolge Großhandelskaufmann, FOS 12, Fachwirt der Grundstücks- und Wohnungswirtschaft und Betriebswirt VWA erwuchs. Als welcher er bis heute sorgsam im *BG-Klinikum Duisburg* wirkt (als ehemals Unfallklinik wahrlich eine passende Wirkungsstätte) und u.a. Buch führt.

Was er auch über seine Ideen tut. Die wachsen ihm nämlich, wenn er darauf nicht gerade mit Gaffertape z. B. ein Teelicht fixiert hat (was ja auch keine schlechte Idee ist), wie Schlangen aus dem Kopf, insonderheit in Wortspielform, worin sich Musikalität bzw. Klangsinn mit Reklamesprech, Geographie und Gebrauchsanweisungen weniger verknoten als zum fadenscheinigen Gewebe knüpfen. Bzw. eben nicht. »Da passte wirklich keine Fuge./Wahrscheinlich lag's am letzten Zuge« heißt es fast schon selbstreferenziell in *Kelle*, einem eben nicht Liedtext, sondern Gedicht, das wie z. B. auch *Werner Schreiners neue Säge* durchaus nach Wilhelm Busch klingt und, latürnich, aufs Schiefgehen hinausläuft.

Dass was funktioniert, ist eine seltene und eben vermutlich gar nicht angestrebte Erfahrung für Klaus Grospietsch. Diejenige aber, dass Verse und Geschichten u. U. auch ungesungen funktionieren, machte er mit der Zeit doch. Ohne deshalb gleich ins kalte oder meist ja lauwarme Wasser des Formats Lesung zu springen, ein Seemann kann schließlich nicht schwimmen. Bzw. schwimmt Klaus ja sowieso schon immer. Bei der *Artofon Factory*, einem Multimediagewitter aus improvisierter Musik, Live-Malerei, Tagtool, Tanz und Nachtisch noch in der RuhrART-Galerie, bettete er erstmals einige seiner Texte auf Sounds, gerne auch vom Diktaphon abgespielt. Mäandernd erzählte er vom Wandern in Flandern – ein Text, der vermutlich erst im Laufe mehrerer Factories aus Drauflosquatschen, Aufnehmen und Abhören entstand und selbstverständlich aufs Nichtankommen bzw. Busfahren hinausläuft.

4 Schlussstricher

Und der es jetzt aber zwischen zwei Buchdeckel geschafft hat und damit zwischen der andauernden Fort- wie Hin-und-Wegbeschreibung quasi Etappe macht: *Königspudel mögen keinen Jazz* benannt – nach einem ebenfalls ständig fortgesponnenen Text übrigens, der zum vorwärtsbröselnden Kernrepertoire seines neuesten Projekts gehört, *Alio Loco*, einem Trio aus Klaus, Holger Schörken (den er damit in Form regelmäßiger Proben kujonieren kann) und dem Tastentarzan und nützlicherweise Psychologen Dirk Schirok.

Königspudel mögen keinen Jazz ist aber auch ein programmatischer Text, denn der Straßenköter Grospietsch mag Jazz zwar durchaus – wie übrigens auch die *Tour de France* und Fußballländerspiele – und fährt mit *Alio Loco* ja auch im hörbar weiterhin fahrtüchtigen Gespann *Jazz & Lyrik*, hat sich aber neben seiner aufrichtigen Verachtung für Schlager auch ein gesundes Misstrauen gegenüber Avantgarden und mehr noch deren intellektuell-verschwurbelter Verbrämung bewahrt – Hochfelder Schule: »Da gab's früher auch schon mal ganz unprätentiös was auf's Maul für blödes Gequatsche.«

Weshalb die weiblichen Diskurshoheiten aus Bad Kleinengstirn trotzdem erotisch interessant bleiben. Wie es überhaupt viel um Paarungsanbahnung und verfehlte Wunschsynchronisation zwischen Mann und Frau geht, denn parallel zum Auf und ab seiner Künstlerlaufbahn interessiert sich Klaus immer schon verschärft fürs Rein und Raus, »schmutzige Dichtungen hinter Duschvorhängen vortragen«, wortspielt er seine Schlüsselqualifikation aus, »Ohne Kurven keine Stangen«, weiß er Reiz-Reaktions-Schemata auf den Punkt zu bringen, doch oft bleibt's nur beim Petting: »Wir haben uns gekrault,/Bis wir ganz verschwommen war'n.«

Privat hat er sein Glück längst gefunden mit Tatjana aus Iwanowo, die in St. Petersburg Kunstpädagogik studiert und kongeniale Zeichnungen zum Königspudelbuch beigesteuert hat und überhaupt, was man so mitkriegt, Klaus' Verpeiltheit mit einer charmanten postsozialistischen Planloswirtschaft aufs Schönste verunvollständigt. Passenderweise haben sie sich auf der *Maxim Gorki* und also auf See kennengelernt, und da bleiben sie auch, um's mit Klaus' vielleicht größtem Hit *Captain* zu sagen: »Doch wir fahren weiter in den Hurrican,/immer weiter geradeaus./Wir schlagen nen Salto und werden untergehn,/irgendwann macht's peng und dann ist es aus.«

• Inhaltsverzeichnis •